東京駅
～赤レンガの丸の内駅舎～

1914年12月、東京駅開業。当初は丸いドーム型の屋根が特徴的な3階建ての優雅な赤レンガの建物であったが、
1945年の空襲で一部分が焼失。八角屋根の2階建てに改修されて、現在の姿となった。
築90余年、いま2011年度の完成を目指し、開業当初の3階建てに復原する工事が進められている。
ここ数年、東京駅を取り巻くビル、タワー群の建設ラッシュは目を見張るものがある。
孤高の存在となった赤レンガの丸の内駅舎であるが、国の重要文化財として"復原"という形で存えることは
歴史的意義からも、まことに嬉しい限りである。

日本の"中央駅"としての貫禄と赤レンガの美しい姿は永遠に‥‥

「行幸通り」
行幸(ぎょうこう)とは天皇陛下が外出されること。
皇居から東京駅までの堂々とした通りである。 2008年5月15日

「祝日」
祝日には丸の内駅舎正面玄関に
大きな日の丸が掲揚される。　2006年5月5日

「TOKYO STATION」
東京中央郵便局前の地下入口の電照駅名看板。
シンプルでとても好ましい。　2007年12月25日

「赤レンガ駅舎俯瞰」
正面玄関の車寄せが美しい。
折しも1番線にオレンジ色の中央線電車が到着した。 2007年4月1日

「東へ、西へ」
新幹線、在来線、通勤電車。多彩な列車が次々と発着し、
眺めて飽きることがない。　2008年7月22日

「TOKYO CITY」
銀座から六本木の街、レインボーブリッジから東京タワーまで‥‥
まさに「TOKYO CITY」。 2007年6月16日

Spring～Summer

「夕陽に映える」
夕陽が、赤レンガを紅く照らす。
今年も駅前の桜が咲き始めた。　2006年3月31日

「桜 −morning−」
　A.M.6:30。花びらに春の柔らかな光が差し込む。
朝の喧噪が始まる前の穏やかなひととき。　2006年3月29日

「桜 −evening−」
　P.M.6:20。宵のうちから駅のライトアップが始まる。
藍色に染まっていく空に、妖艶なまでの美しい一瞬。　2006年3月31日

Spring～Summer　11

春爛漫。駅前広場の花々が咲き誇る。

「白・桜・赤レンガ」　2006年3月29日

「枝垂れ桜」　2006年4月6日

「桜吹雪」
見納めの花吹雪。丸の内駅舎復原工事が始まり、
翌年、駅前の桜は1本もなくなってしまった。 2007年4月8日

「新緑」
抜けるような青い空。鮮やかな緑の葉が目に眩しい。
2006年4月22日

「ツツジ満開」
東京駅の石碑を囲むようにして、ツツジが植えられている。
手入れが行き届いている松と合わせて、美しい庭園のようだ。　2007年5月27日

「颯爽」
風薫る5月。ビジネスマンに混ざって
リクルートスタイルのOLが駅に向かっていく。　2008年5月15日

「Blue moment」
夜の帳が下りる前にわずかに訪れる、最も綺麗なひととき。
2007年6月15日

「月夜」
煌々と天空に月が輝く夜。
2007年5月27日

18　Spring〜Summer

「Jewelry night」
まるで、宝石を散りばめたような街。
2006年3月26日

至福のホテルから

「Blue Sky」
気持ちのよい青空。今日も一日が始まる。
2008年5月6日

20　至福のホテルから　　フォーシーズンズホテル丸の内 東京

「SUNRISE EXPRESS」
高松、出雲市と東京を結ぶ、夜行の電車特急。
2008年5月6日

「JR-EAST 185系」
特急「踊り子」号の車両は普通列車にも使用される。
2008年5月6日

「JR-WEST 700系」
"JR700"の表記がある車両は、JR西日本の編成だ。
2008年5月6日

「休日の朝」
日曜日は車が少なく、駅前広場の緑もひとしお美しい。
2007年6月16日

「美しき屋根」
丸の内駅舎を北側から臨む。奥に見える5階建てのビルは
東京中央郵便局。 2007年6月16日

想い出の国鉄色

赤レンガにはやはり201系
2006年3月15日

中央ライナーの183系もお似合い
2007年6月27日

東京駅といえば"東海道本線"
2006年2月15日

"東海道本線"といえばもちろん「湘南電車」
2006年2月15日

「201系 Forever」 2007年4月14日

あの時の東京駅から

鉄道写真を撮り始めたのは、小学五年生の頃からである。

日曜日、早起きして東京駅や上野駅へ出かけ、ブルートレインや各方面へ向かう特急・急行列車を次々とホームで撮ることがとても楽しかった……

72年3月から73年4月まで約1年間だけ、青森行きの特急「はつかり」が、東京駅に乗り入れた。当時は小学六年生ながらに考えたもので、いつもどおりの真正面の「電車の顔写真」ではなく、右に赤レンガ駅舎を入れ込んで撮影している。ホームの端ギリギリで、不安定に構えながらシャッターを押した記憶が甦ってきた…初めて東京駅を意識して撮ったのだった。

大好きな機関車は、EF65 500番代だった。16:30発の1列車「さくら」を筆頭に、次々と西下していくブルートレインは憧れの的であった。

78年7月。その牽引機関車が500番台から1000番台へと切り替わったが、僅か数日だけ、東京駅で両形式の機関車が顔を並べた。東海道新幹線ホームから見た貴重な光景である。

あれからちょうど30年。

憧れだったブルートレインは、「富士・はやぶさ」唯一本となってしまった。

今でも東北・上越新幹線のホームから、その発着の様子を眺められるが、今朝は珍しく新顔のE655系がやってきた。

いつの時も変わらずに見えたのは、あの「八角屋根」だった。列車の往来を見下ろし続けてきた屋根は、復原工事で丸型に姿を変える。

1978年7月

2008年9月

1973年2月

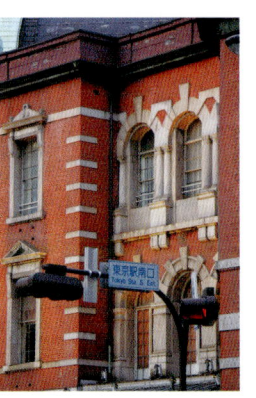

Special Train

「Yellow」
約10日ごとに、検測で姿をあらわす"ドクターイエロー"
2008年8月7日

「Red」
きょうは大胆なロゴの赤い65がやって来た。
2008年3月13日

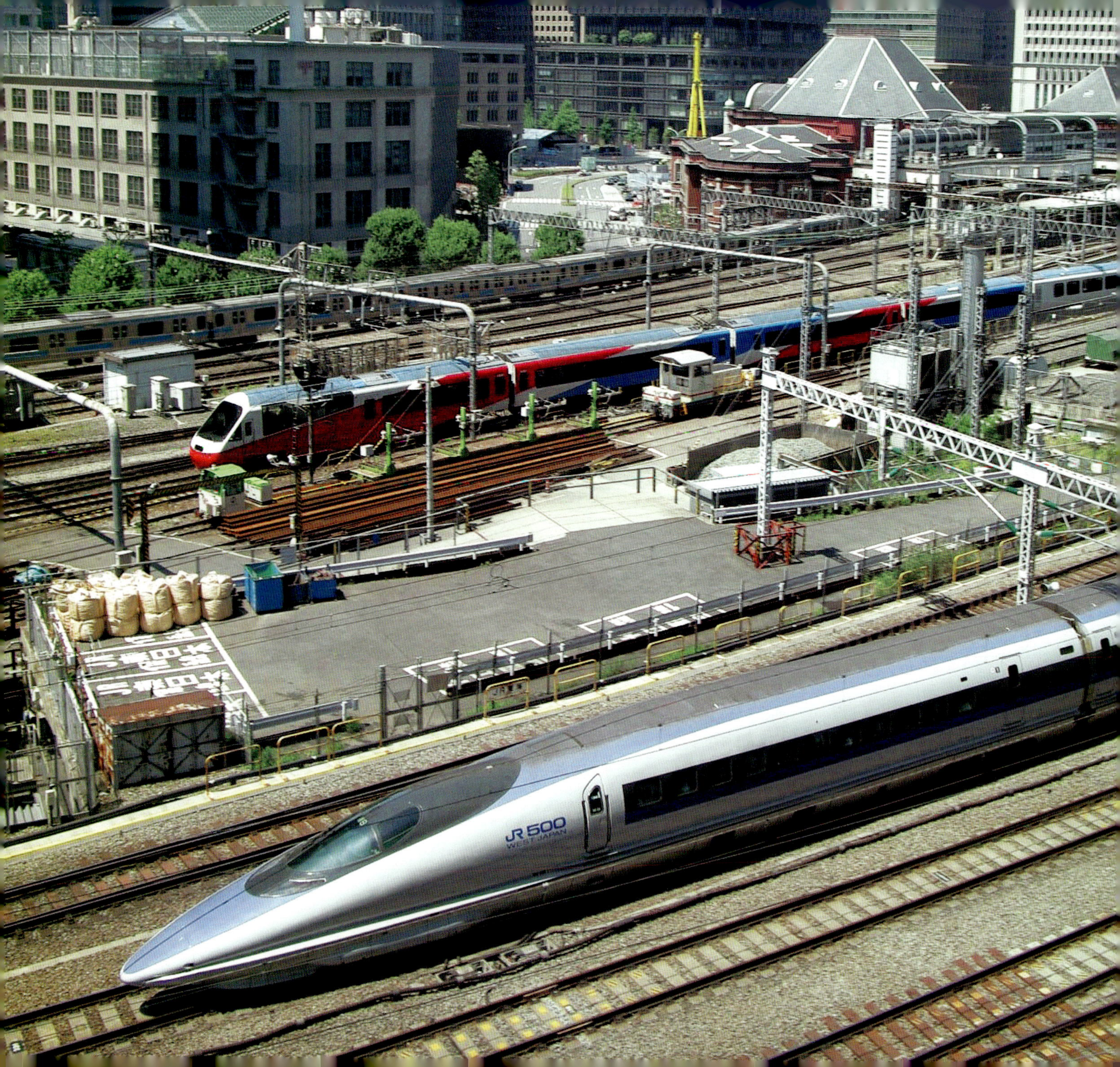
JR500
WEST JAPAN

「12:30 同時発車！」
俊足を誇る新幹線500系に、東京駅に乗り入れる唯一の
私鉄車両"リゾート21"が華を添える。
2008年5月6日

「ロイヤル エンジン」
東京駅を出発するEF58 61のお召列車。一期一会のことであった。
2001年3月28日

「ご出発」
ノルウエー国王陛下ご夫妻をご案内し、北鎌倉へ。
2001年3月28日

Autumn〜Winter

「色づく」
駅前広場の木々が色づいてきた。　2007年12月9日

「銀杏」
駅周辺には、東京都の木である「銀杏」も多い。　2007年12月14日

「もうすぐクリスマス」
ライトアップされた駅舎に、銀杏のイルミネーションが彩りを添える。
2007年12月14日

「シルエット」
澄みきった空に八角屋根のシルエットが浮かび上がる。
2007年12月9日

「剪定」
正月を前に、入念に松の手入れが行われていた。
2007年12月14日

「駅長室」
門松と正月のお飾り。東京駅長直筆の「謹賀新年」の書初めも見える。
2007年1月5日

「2008年 元旦」
元日の朝日を浴びて、飛行船が輝く。
2008年1月1日

「陰影」
冬の斜光が赤レンガを浮き上がらせる。
2007年1月23日

「雪舞う」
念願の雪。珍しく朝から深々と降り続き、昼下がりにはひとしきり強くなってきた。
2008年1月23日

「飛翔」
駅舎周りにはたくさんの鳩がいたが、工事が本格化するとどこかへ行ってしまった。
2007年12月9日

最期の寝台列車

急行「銀河」

「定刻6時42分、9番線到着」
2008年3月12日

「23時ちょうど発。伝統の大阪行、101列車」
2008年2月29日

「102列車、東京駅進入」
2008年3月13日‥‥この翌日、急行「銀河」は銀河の彼方へと旅立っていった。

特急「富士・はやぶさ」

「1列車、夕陽を受けて西へ」
2008年7月29日

「ヘッドマークも誇らしげなEF66」
2008年7月21日

「夏休み。満席の車内が嬉しい」
2008年8月12日

50　最期の寝台列車

「2列車、東京駅到着」
機関車は"機回し"のために客車から離れる。
2007年6月17日

「夜汽車」
小雨煙る夕暮れの東京駅を出発。
窓からこぼれる明かりが、限りなく旅情を誘う。　2008年5月5日

東京中央郵便局

鉄道少年になる少し前、切手少年だった時期があった。のめりこみやすい性格は、この頃から!?で、おこづかいを握り締めては、切手のシート買いをしたり、記念切手の初日印や風景印を集めたり…と、大人も顔負けであった。

当時の聖地は、もちろん「東京中央郵便局」内部の広さはもちろんのこと、その天井の高さと独特の空間で、とても雰囲気のある建物であった。

赤レンガの東京駅に対して、東京中央郵便局は一見普通の建物のように見えるが、高層建築全盛の現代にあって、このいかにも古き良き時代のビルらしいビルはとても好ましく、また価値のある存在であった。

2008年7月。東京中央郵便局は、建て替えのため八重洲口に移転している。新たな建物は高層ビルになるのだが、5階までの今の建物部分は、形を留めながら建てられるそうである。

東京駅と対峙する東京中央郵便局
2007年5月27日

移転前、最終日の東京中央郵便局　2008年7月18日

「はとバス」
丸の内南口といえば、東京観光の黄色い「はとバス」だ。
2007年12月9日

「VELO TAXI」
丸の内界隈を走る"VELO TAXI"
風を受けてとても気持ちいい。　2008年5月5日

「SKY BUS」
乗客は全員、屋根のない2階に乗って展望を楽しむ。
左手に丸の内駅舎を眺めるとまもなく終点だ。　2008年5月15日

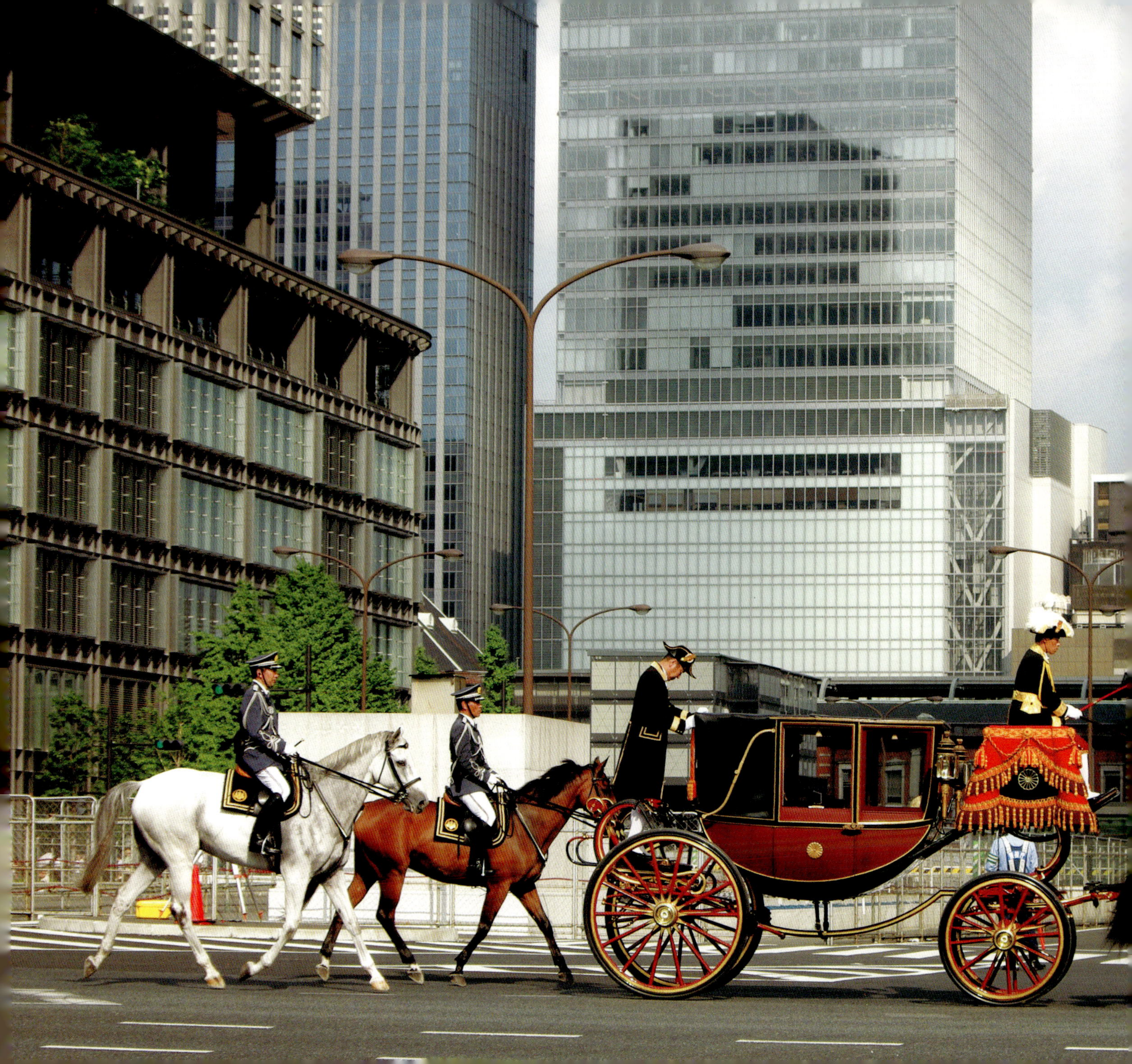

「儀装馬車」
オランダ大使が天皇陛下に新任のご挨拶に向かう。
「信任状捧呈式」には、磨きぬかれた馬車が用意される。
まるで現代の日本とは思えない素晴らしい光景。　2008年8月21日

「和田倉門」
信任状捧呈式の馬車は、この交差点を右折して明治生命館へ向かう。
お濠に、東京海上日動ビルの影がゆらぐ。　2008年5月15日

「トワイライト」
明かりが灯り始める夕暮れ。新幹線が滑り込んできた。ビルの谷間からは皇居の森が望め、
右奥にわずかに輝く水面は和田倉濠である。　2008年5月21日

「500系出発」
東京交通会館からの眺め。500系はまもなく
東京駅には乗り入れなくなる。　2008年8月7日

「行き交う山手線」
東京国際フォーラムからの眺め。丸の内駅舎の南端2階は
レストラン「ばら」があったところだ。　2008年8月7日

61

東京ステーションホテル

「春爛漫」
ステーションホテルのアーチは赤レンガの建物によくマッチしていた。　2006年3月29日

「看板」
ホテル南側には、好ましい形の看板があった。
2007年4月8日

「最終日の夜」
2012年、駅舎復原とともにステーションホテルは営業を再開するという。
2006年3月31日

懐かしいスチーム暖房

レストラン「ばら」

カクテル「東京駅」

洒落たロゴ

Camellia Bar
Bartender 杉本寿
'06.3.31.

復原工事完成の日にまた

東京ステーションホテル 65

「1/2キロポスト」
日本の鉄道は基本的に東京駅を基準にして、上り・下りが決められている。
2007年4月14日

「750m上空から」
夏の遊覧ヘリコプターに、子供たちと乗り込む。旋回右下に東京駅を見つけ
すかさずシャッターを押したのは、小学6年生の息子"岳"であった。　2008年7月25日

「皇居の森」
半蔵門側から皇居越しに丸の内を眺望。
高層ビル群に囲まれながらも、東京駅の赤レンガと八角屋根の一部が
わずかに写りこんでいる。
森の左側に見えるのは江戸城の富士見櫓と宮内庁、
右側には宮殿の長い屋根が見える。　2008年8月21日

極上の宵

回1列車 接近。
東京国際フォーラムと東京交通会館の谷間から、EF66のヘッドライトが
ゆっくりと近づいてくる。
12両の客車をくねらせて17時21分、10番線ホームに入線。
やがて、ブルートレインならではの光景「機回し」が始まる。
目を転ずれば、左手にレインボーブリッジ、右手に東京タワーと夕景が拡がり、
眼下ではまさに丸の内駅舎南口の八角屋根が夕日に輝いている。

極上の宵に"乾杯"
渇いた喉を潤すのは、もちろんオリジナルカクテル「東京駅」だ。

17時54分、まるで華を添えるかのように、最後の活躍を見せる
オレンジ色の中央線201系が1番線から出発。
夕闇迫る18時03分。定刻に1列車 特急「富士・はやぶさ」は東京駅を滑り出す。
遥か九州まで、長駆1200余Kmの道のり。
「富士」のテールマークを追いながら、赤い尾灯がゆっくりと
有楽町の彼方に消えていくまでを見つめ続け、眺望に陶酔‥‥

余韻に浸りながらグラスを重ねると、すっかり夜の帳が降りていた。

2008年 初秋
TENQOOにて